BEI GRIN MACHT SICH IHR WISSEN BEZAHLT

- Wir veröffentlichen Ihre Hausarbeit, Bachelor- und Masterarbeit

- Ihr eigenes eBook und Buch - weltweit in allen wichtigen Shops

- Verdienen Sie an jedem Verkauf

Jetzt bei www.GRIN.com hochladen und kostenlos publizieren

Bibliografische Information der Deutschen Nationalbibliothek:

Die Deutsche Bibliothek verzeichnet diese Publikation in der Deutschen Nationalbibliografie; detaillierte bibliografische Daten sind im Internet über http://dnb.d-nb.de/ abrufbar.

Dieses Werk sowie alle darin enthaltenen einzelnen Beiträge und Abbildungen sind urheberrechtlich geschützt. Jede Verwertung, die nicht ausdrücklich vom Urheberrechtsschutz zugelassen ist, bedarf der vorherigen Zustimmung des Verlages. Das gilt insbesondere für Vervielfältigungen, Bearbeitungen, Übersetzungen, Mikroverfilmungen, Auswertungen durch Datenbanken und für die Einspeicherung und Verarbeitung in elektronische Systeme. Alle Rechte, auch die des auszugsweisen Nachdrucks, der fotomechanischen Wiedergabe (einschließlich Mikrokopie) sowie der Auswertung durch Datenbanken oder ähnliche Einrichtungen, vorbehalten.

Impressum:

Copyright © 2010 GRIN Verlag, Open Publishing GmbH
Druck und Bindung: Books on Demand GmbH, Norderstedt Germany
ISBN: 9783668381261

Dieses Buch bei GRIN:

http://www.grin.com/de/e-book/343954/indien-als-eines-der-wenigen-krisenbestaendigen-schwellenlaender

Selina Thal

Indien als eines der wenigen krisenbeständigen Schwellenländer

GRIN Verlag

GRIN - Your knowledge has value

Der GRIN Verlag publiziert seit 1998 wissenschaftliche Arbeiten von Studenten, Hochschullehrern und anderen Akademikern als eBook und gedrucktes Buch. Die Verlagswebsite www.grin.com ist die ideale Plattform zur Veröffentlichung von Hausarbeiten, Abschlussarbeiten, wissenschaftlichen Aufsätzen, Dissertationen und Fachbüchern.

Besuchen Sie uns im Internet:

http://www.grin.com/

http://www.facebook.com/grincom

http://www.twitter.com/grin_com

Humboldt-Universität zu Berlin

Career Center

Seminar: Volkswirtschaftliche Analysen des aktuellen Wirtschaftsgeschehens

Hausarbeit

Indien
Eines der wenigen krisenbeständigen Schwellenländer

Inhaltsverzeichnis

1. Einleitung 1

2. Inlandsmarkt und Konjunkturprogramme 2

    2.1 Konjunkturpakete I, II und III 2

    2.2 Bisherige Wirkung der Pakete 4

3. Das indische Bankensystem 5

4. Offenheit gegenüber der Weltwirtschaft 7

5. Fazit 9

6. Literaturverzeichnis 10

Abbildungsverzeichnis

Abb. 1: Indischer Zinssatz RBI- langfristige Graphik

Tabellenverzeichnis

Tab. 1: Auslandsverschuldung und Staatsverschuldung Indiens 2006-2009

Tab. 2: Bankvermögensanteile von ausländischen Banken mit Mehrheitsbesitz, 2006

Tab. 3: Indien – Wichtigste Export- und Importgüter 2007

Tab. 4: Indien – Wichtigste Export- und Importhandelspartner 2007

1. Einleitung

Lag das Wachstum des realen BIPs Südasiens im Jahre 2007 noch bei 8,7 Prozent, so waren es nach der Wirtschaftskrise im Jahre 2009 nur noch 6 Prozent (The World Bank India 2010). Trotz dieser negativen Auswirkungen der internationalen Finanzkrise zählt Südasien – im Vergleich zu anderen Schwellenländern - zu denjenigen Regionen, in denen die regionale Wachstumsverminderung (des BIPs) am niedrigsten ausgefallen ist (The World Bank 2010).

Besonders das größte und bevölkerungsreichste südasiatische Land, Indien, blieb weitestgehend von der Krise verschont. Es lässt sich in diesem Fall keineswegs von einer Rezession sprechen. Vielmehr handelt es sich um einen Abschwung: Das reale Wirtschaftswachstum für 2007/2008 betrug 9,0 Prozent und verringerte sich um 1,9 Prozentpunkte auf 7,1 Prozent für den Zeitraum 2008/2009 (Auswärtiges Amt 2009). Trotz dieser konstatierten negativen Auswirkungen der Krise lockt der asiatische „Elefant" derzeit immer mehr ausländische Investoren an: „Volkswagen hat zuletzt knapp 460 Millionen Dollar in den Bau einer Autofabrik in Pune investiert, einer boomenden Industriestadt, die auch dank beträchtlicher Investitionen von Daimler und MAN zum Zentrum der deutschen Wirtschaftspräsenz auf dem Subkontinent aufgestiegen ist" (Müller 2009).

Schon heute ist klar: Indiens Wirtschaft zieht wieder an. Das BIP legte im dritten Quartal 2009 gegenüber dem entsprechenden Vorjahreszeitraum um fast 8 Prozent zu, „so stark wie seit eineinhalb Jahren nicht mehr" (Auler 2010). Demzufolge wächst das BIP das zweite Quartal in Folge und das auch noch „deutlich schneller als erwartet" (Auler 2010). Wie hat Indien das geschafft, obwohl es neben Armut und Korruption auch mit einer defizitären Infrastruktur und Überbürokratisierung zu kämpfen hat?

Die vorliegende Hausarbeit geht davon aus, dass im Wesentlichen folgende drei Faktoren dazu beigetragen haben, der Wirtschaftskrise glimpflich zu entgehen: zunächst einmal der riesige Inlandsmarkt mitsamt der von der indischen Regierung initiierten Konjunkturprogramme, dann die geringe weltwirtschaftliche Verflechtung und schließlich die weit verbreitete fehlende Privatisierung und starke Regulierung des Bankensystems.

Dementsprechend befasst sich der erste Abschnitt der Hausarbeit mit der Beschreibung und Bewertung der von der indischen Regierung initiierten Konjunkturprogramme, danach wird das Bankensystem thematisiert und in einem weiteren Schritt erfolgt anhand ausgewählter empirischer Daten eine Deskription der globalen wirtschaftlichen Verflechtung. Zum Schluss werden die wichtigsten Erkenntnisse zusammengefasst und offene Fragen formuliert.

2. Inlandsmarkt und Konjunkturprogramme

Im Zuge einer engen Zusammenarbeit der indischen Regierung mit der Reserve Bank of India (RBI) wurden drei Konjunkturpakete auf den Weg gebracht: Das erste im Oktober 2008, das zweite im Dezember 2008 und schließlich das dritte im Februar 2009. Das Gesamtvolumen beläuft sich insgesamt auf etwa 3 Prozent des indischen BIPs, d.h. ca. 4Mrd. US$ (BDI 2009: 3). Damit ist es im Vergleich zu China und den USA relativ niedrig ausgefallen, ein weiteres Indiz dafür, dass Indien nicht so stark von der Wirtschaftskrise betroffen war, wie die anderen Länder. Ziel der Stimulus-Programme war es vor allem die einheimische Nachfrage, das produzierende Gewerbe, den Finanzsektor und auch den Export zu stärken.

2.1 Konjunkturpakete I, II und III

Um den Kreditzufluss für den industriellen Sektor sicherzustellen und die Geldmenge im Umlauf zu erhöhen, senkte die RBI, genauso wie die anderen Zentralbanken, seit Oktober 2008 sukzessive den Repo-Zinssatz. So wurde er im Oktober um einen Prozentpunkt auf 8,0 Prozent gesenkt, im Dezember 2008 dann von 7,5 auf 6,5 Prozent und mit dem zweiten Konjunkturpaket schließlich auf 5,5 Prozent. Der aktuelle Satz liegt sogar noch tiefer, bei 4,75 Prozent.

Abb. 1: Indischer Zinssatz RBI- langfristige Graphik

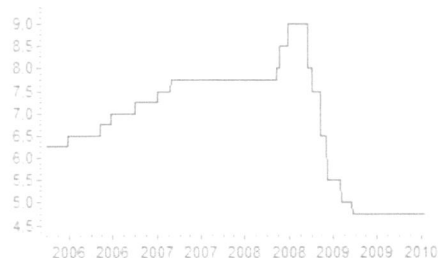

Quelle: http://de.global-rates.com/zinssatze/zentralbanken/zentralbank-indien/rbi-zinssatz.aspx

Außerdem senkte die RBI gleichzeitig den Mindestreservesatz von 5,5 auf 5,0 Prozent, um eine zusätzliche Liquidität in Höhe von geschätzten 3Mrd. Euro für das Finanzsystem zu erwirken (Kötschau 2009: 1). Wegen der momentanen steigenden Inflation steige laut der Wirtschaftswoche der Druck auf die RBI den Leitzins wieder zu erhöhen (Auler 2010). Das anhaltende weltweite niedrige Zinsniveau mache jedoch eine Erhöhung eher unwahrscheinlich (Auler 2010). Schließlich können die einzelnen Bundesstaaten Kredite in Höhe von 4 Prozent, anstelle von vorherigen 3,5 Prozent, ihres BIPs aufnehmen, um Infrastruktur- und Beschäftigungsmaßnahmen zu finanzieren (Germany Trade & Invest 2010: 4).

Eine weitere wichtige Maßnahme stelle außerdem die Möglichkeit auf Refinanzierung für die Small Industries Development Bank of India dar (Kötscha 2009: 2). Letztere soll dabei den Kreditzufluss an Kleinst-, Klein- und mittlere Unternehmen garantieren (Kötscha 2009: 2). Absätze von Autos brachen während der Krise teilweise ein (u.a. Maruti Suzuki und TATA Motors) und auch in der Textilbranche wurden mehrere hunderttausend Mitarbeiter entlassen (BDI 2009). Um beide Branchen zu stärken, wurden dementsprechend die Mehrwertssteuern, die „Excise-Duty" auf große Pkws und Nutzfahrzeuge als auch die Zinssätze für Autokredite gesenkt (Germany Trade & Invest 2010: 4). Zur Stützung der Exportwirtschaft erhalten Ausfuhrunternehmen eine höhere Rückerstattung für die Abgaben bestimmter Leistungen und Produkte, die für die Fertigung der Exportgüter nötig sind (Kötscha 2009: 1f.). Ergänzt wird diese Maßnahme durch eine 50-Milliarden-Rupien-Kreditlinie der RBI an die Export-Import Bank of India (EXIM), um die Versorgung der Firmen mit günstigen Exportkrediten zu ermöglichen (Kötscha 2009: 2).

Im Mittelpunkt des dritten Konjunkturpaketes standen neben der schon erwähnten Senkung der Excise-Duty auf Pkws und Nfz auch die Senkung der Steuern auf langlebige Konsumgüter, wie Kühlschränken, Klimaanlagen und Geräte der Unterhaltungselektronik (Alex 2009). Weiterhin wurden die Verbrauchssteuern um 2 Prozentpunkte auf 8 Prozent, sowie die Service Tax auf Dienstleistungen von 12 auf 10 Prozent herabgesetzt (Alex 2009). Die Regierung erhoffte sich in diesem Zusammenhang eine Erhöhung der Konsumausgaben von Verbrauchern. Auch die Nachfrage nach Dienstleistungen, wie z.B. Mobiltelefonie oder Hotelübernachtungen sollten dadurch gestärkt werden (Alex 2009).

Das „Manko" der antizyklischen Maßnahmen sei eindeutig die erhöhte Staatsverschuldung, deren Änderungsrate sich auf 6,8% des BIPs beläuft (Hauschild 2010). Nicht nur der indische Zentralstaat, sondern auch die einzelnen Bundesstaaten hätten sich verschuldet, ein Schuldenstand, der so groß sei, wie seit 16 Jahren nicht mehr (Hauschild 2010). Zu dem, noch im letzten Jahr vom indischen Premierminister - Manmohan Singh - angekündigtem und auch von Analysten erwartetem, vierten Konjunkturpaket wird es aufgrund der hohen Staatsverschuldung wohl nicht mehr kommen (BDI 2009: 3; Auler 2010). Würde ein viertes Konjunkturpaket geschürt, müsste die Regierung in Neu-Dehli mit einer Bonitätsabstufung rechnen (Auler 2010). Das hohe Haushaltsdefizit veranlasste jedenfalls

Standard & Poor`s, eine Bewertungs- und Analysegesellschaft mit Sitz in New York, den langfristigen Rating-Ausblick für Indien von „stabil" auf „negativ" herab zu setzen (BDI 2009: 3).

2.2 Bisherige Wirkung der Pakete

Die indischen Konjunkturpakete haben im nach bisherigen Einschätzungen einen erheblichen Beitrag dazu geleistet, dass sich die indische Regierung so schnell von der Wirtschaftskrise erholen konnte. Trotzdem hat die Regierung jetzt mit einer vergleichsweise hohen Staatsverschuldung und mit einer galoppierenden Inflation zu kämpfen.

Tab. 1: Auslandsverschuldung und Staatsverschuldung Indiens 2006-2009

	2006	2007	2008	2009[1]
Total foreign debt (year-end; US-$ bn)	135.1	149.2	166.6	180.5
Net public debt (% of GDP)	61.2	58.2	58.3	57.0

Quelle: http://graphics.eiu.com/ukti/pdf/India.pdf, S. 8, 15.
[1] Bei den Daten von 2009 handelt es sich um Vorhersagen bzw. Schätzungen.

Trotz eines anhaltenden starken Wirtschaftswachstums und niedrigen Leitzinsen liegt die indische Nettostaatsverschuldung zwischen 2006-2009 zwischen 61,2 und 57,0 Prozent des BIPs (Economist Intelligence Unit 2008: 15). Die Gesamtauslandsverschuldung ist im gleichen Zeitraum von 135.1 Milliarden US-$ auf 180,5 Milliarden US-$ angewachsen (ebd. 2008: 8). Eine Untersuchung von CRISIL fand dabei heraus, dass – trotz der Konjunkturprogramme – die indische Wirtschaft einen Output-Verlust von ca. 8 Prozent im Vergleich zu seinem potentiellen BIP-Wachstum (vor der Krise) zu verzeichnen hat (CRISIL 2010: 10). Um die Verschuldung abzubauen, werden voraussichtlich einige Steuererleichterungen zurückgenommen und Anteile von Staatsunternehmen an die Privatwirtschaft verkauft (Hauschild 2010).

Das produzierende Gewerbe, welches durch die Konjunkturprogramme besonders gestärkt wurde, leistete den größten Beitrag (8,9 Prozent) für den wirtschaftlichen Aufschwung (Hauschild 2010). Auch die Industrieproduktion legte im dritten Quartal (2009) um mehr als 9 Prozent zu (Auler 2010). Vor allem die Autoindustrie profitierte von den staatlichen Hilfen und verzeichnete im Oktober 2009 ein Absatzplus von ungefähr 35 Prozent gegenüber dem Vorjahresmonat (Auler 2010). Insbesondere Kleinwagen verkauften sich dank niedriger Zinsen und steuerlichen Erleichterungen gut (Auler 2010). Nach der Studie von CRISIL konnten die Konjunkturprogramme eben deshalb so gut wirken, da sie im Vergleich zu den westlichen Industriestaaten sehr schnell implementiert wurden (CRISIL 2010: 5). Die gut funktionierende antizyklische Fiskal- und Steuerpolitik gerät – wie schon erwähnt – angesichts der steigenden indischen Inflation zunehmend unter Druck. Zwar war es nicht die Erhöhung der Geldmenge, die die Inflation bewirkte, sondern die aufgrund des schwachen Monsunregens aufgetretenen Ernteausfälle, jedoch würden die niedrigen Reserve- und Leitzinsen den Effekt noch verstärken (Handelsblatt 2010). Als Reaktion darauf beschloss die RBI kürzlich den Mindestreservesatz für Banken wieder um 0,75 Prozentpunkte auf 5,75 Prozent zu erhöhen (Handelsblatt 2010). Würde die Inflation weiter ansteigen, dann drücke das auf den privaten Konsum und der Effekt der Konjunkturprogramme würde teilweise verpuffen (Auler 2010).

Schließlich würden die exportorientieren Industrien, wie z.B. die Textil- und Bekleidungsbranche, weiter unter der nachlassenden Auslandsnachfrage leiden (Pasvantis 2010). Genauso wie die nachlassende Nachfrage im Textil- und Bekleidungsbereich kann man die fehlende Auslandsnachfrage nach indischen Dienstleistungen dadurch erklären, dass Indien im Vergleich zu den westlichen Industriestaaten schneller wächst (Auler 2010).

3. Das indische Bankensystem

Das indische Bankensystem ist im Vergleich zu den anderen asiatischen Ländern einzigartig. Obwohl der Bankensektor sich erst relativ spät öffnete, zieht er in Bezug auf Rentabilität mit den anderen Schwellenländern und deren Banken gleich (S.W.O.T. 2009: 2). Die indische Zentralbank, RBI, wurde 1935 gegründet und wird durch den Banking Regulation Act von 1949, sowie dem Reserve Bank of India Act von 1934 autorisiert den Bankensektor zu regulieren (Embassy of India). 1969 wurden unter Indira Ghandi 14 der größten Privatbanken verstaatlicht (S.W.O.T. 2009: 3).

Grob lässt sich das indische Bankensystem zunächst in Handels- und Geschäftsbanken, Genossenschaftsbanken und ländliche Regionalbanken untergliedern (Embassy of India). Die Geschäftsbanken lassen sich wiederum in öffentliche, private und ausländische Banken einteilen (Embassy of India). In diesem Kontext existieren z.Z. 27 öffentliche, 29 private und 31 ausländische Banken (S.W.O.T. 2009: 3). Dabei befinden sich etwa 75 Prozent des gesamten Bankenvermögens in Besitz der öffentlichen Banken (S.W.O.T. 2009: 2). Nur 18,2 Prozent der Vermögenseinlagen befinden sich bei den privaten Banken und 6,5 Prozent bei den ausländischen Bankinstituten (S.W.O.T. 2009: 3).

Die Subprime Krise hat die indischen Banken bzw. den Finanzsektor kaum getroffen, da einerseits, durch die strengen Regulierungen der RBI, kaum kreditfinanzierte Spekulationen möglich waren (Mohan 2009: 9). Die Entwicklung dieser Regulierungen blickt dabei auf eine lange Geschichte zurück: Die Bankenkrise von 1913 deckte die Schwachpunkte des damaligen indischen Bankensystems auf und schließlich ebneten die Empfehlungen des Indian Central Banking Enquiry Ausschusses (1929-31) den Weg für die gesetzliche Regulierung der Banken (2007). Andererseits konnte sich die Wirtschaftskrise kaum auf den indischen Inlandsmarkt auswirken, da der Anteil von ausländischen Banken innerhalb des Landes äußerst gering ausfällt.

Wie aus der Tabelle 1 ersichtlich, gehört Indien, neben Thailand, Nigeria und Ekuador (u.a.) zu denjenigen Ländern, deren Bankvermögensanteile von ausländischen Banken bei nur 5 Prozent liegen (Mohan 2009: 19). De Facto gab es in Indien also keine Bankenkrise.

Tab.2: Bankvermögensanteile von ausländischen Banken mit Mehrheitsbesitz, 2006

Table 3: Share of banking assets held by foreign banks with majority ownership, 2006

Country	0%–10%	Country	10%–30%	Country	30%–50%	Country	50%–70%	Country	70%–100%
Algeria	9	Moldova	30	Senegal	48	Rwanda	70	Madagascar	100
Nepal	9	Honduras	29	Congo	47	Côte d'Ivoire	66	Mozambique	100
Guatemala	8	Ukraine	28	Uruguay	44	Tanzania	66	Swaziland	100
Thailand	5	Indonesia	28	Panama	42	Ghana	65	Peru	95
India	5	Cambodia	27	Kenya	41	Burkina Faso	65	Hungary	94
Ecuador	5	Argentina	25	Benin	40	Serbia and Montenegro	65	Albania	93
Azerbaijan	5	Brazil	25	Bolivia	38	Cameroon	63	Lithuania	92
Mauritania	5	Kazakhstan	24	Mauritius	37	Romania	60	Croatia	91
Nigeria	5	Pakistan	23	Burundi	36	Niger	59	Bosnia-Herzegovina	90
Turkey	4	Costa Rica	22	Seychelles	36	Mali	57	Mexico	82
Uzbekistan	1	Malawi	22	Lebanon	34	Angola	53	Macedonia	80
Philippines	1	Tunisia	22	Nicaragua	34	Latvia	52	Uganda	80
South Africa	0	Mongolia	22	Chile	32	Jamaica	51	El Salvador	78
China	0	Sudan	20	Venezuela	32	Zimbabwe	51	Zambia	77
Vietnam	0	Morocco	18	Georgia	32	Namibia	50	Botswana	77
Iran	0	Colombia	18	Armenia	31			Kyrgyzstan	75
Yemen	0	Malaysia	16					Poland	73
Bangladesh	0	Jordan	14					Bulgaria	72
Sri Lanka	0	Russia	13					Paraguay	71
Ethiopia	0	Egypt	12						
Togo	0								

Note:
1. A bank is defined as foreign owned only if 50 percent or more of its shares in a given year are held directly by foreign nationals. Once foreign ownership is determined, the source country is identified as the country of nationality of the largest foreign shareholder(s). The table does not capture the assets of the foreign banks with minority foreign ownership.
2. World Bank staff estimates based on Bankscope data
Source: World Bank (2008).

Quelle: http://siteresources.worldbank.org/INTGDF2008/Resources/gdf_complete_web-appended-6-12.pdf, S. 87.

4. Offenheit gegenüber der Weltwirtschaft

Indien hat sich im Zusammenhang mit den 1991 eingeleiteten Reformen sukzessive gegenüber dem Ausland geöffnet. So sind in den meisten Wirtschaftsbereichen mittlerweile ausländische Direktinvestitionen zugelassen und die Obergrenzen für ausländische Beteiligungen wurden ganz abgeschafft oder ausgeweitet. „Zu den wenigen Branchen, die für ausländisches Kapital weiterhin komplett gesperrt bleiben, gehören der Einzelhandel, die Rüstungsindustrie oder die Landwirtschaft sowie jene Handwerksbereiche, die in Indien den „small scale industries" vorbehalten bleiben und wo industrielle Massenfertigung generell nicht zugelassen ist" (Handelskammer Hamburg 2010). Trotz der weitestgehenden Öffnung gegenüber dem Weltmarkt ist der geringe Exportanteil am BIP (ca. 15 Prozent) auch dafür verantwortlich, dass die Wirtschaftskrise Indien nicht so hart getroffen hat (Bauer 2009).

Tab.3: Indien – Wichtigste Export- und Importgüter 2007

Wichtigste Exportgüter 2007	Wichtigste Importgüter 2007
Erdöl und –erzeugnisse (17,8 %)	Erdöl und –produkte (34,3 %)
Textilien (17,0 %)	Perlen, Edelsteine (10,5 %)
Perlen, Edelsteine (12,2 %)	Maschinen (10,1 %)
Chem. Erzeugnisse (9,9%)	Elektrotechn. Erzeugnisse (8,0%)

Tab.4: Indien – Wichtigste Export- und Importhandelspartner 2007

Wichtigste Handelspartner: Export 2007	Wichtigste Handelspartner: Import 2007
1. USA (12,7 %)	1. VR China (10,8 %)
2. VAE (9,6 %)	2. USA (8,4 %)
3. VR China (6,6 %)	3. Saudi-Arabien (7,7 %)
4. Singapur (4,5%)	4. VAE (5,4%)
8. Deutschland (2,1%)	6. Deutschland (3,9%)

Quelle: http://www.hk24.de/ produktmarken/international/laenderinformationen/laender_a_z/indien.jsp

Zu den drei wichtigsten Handelspartnern gehören die USA, die Vereinigten Arabischen Emirate und die Volksrepublik China (s. Tab.3). Die wichtigsten Exportgüter sind Erdöl und dessen Erzeugnisse, Textilien, Perlen/Edelsteine und chemische Erzeugnisse (s. Tab.2). Die Sektoren mit den höchsten Auslandsinvestitionen sind seit 1991 IT und Elektronik, Dienstleistungen, Transportindustrie (v.a. Kfz) und Energie (Handelskammer Hamburg 2010). In Bezug auf den Außenhandel hat sich der BIP-Anteil von 22,5 Prozent im Fiskaljahr auf 34,8 Prozent 2006/2007 erhöht (Handelskammer Hamburg 2010). Im gleichen Zeitraum haben sich die indischen Exporte fast verdreifacht (Handelskammer Hamburg 2010). „Sein Anteil am Welthandel erreichte 2006 nach WTO-Angaben ca. 1,2% bei Waren und 2,7% bei Dienstleistungen, wo Indien weltweit bei den Exporten bereits Rang 10 einnimmt und das größte Wachstum aufweist. Der aggregierte Welthandelsanteil für Waren und Dienstleistungen lag 2006 bei 1,5% […]. Der Export stieg im Haushaltsjahr 2007/8 um 29% auf 163 Mrd. USD während die Importe um 36% auf 252 Mrd. USD stiegen. Das wachsende Defizit in der Handels- und der Leistungsbilanz geht hauptsächlich auf die Verteuerung der Ölimporte und die anhaltend starke Nachfrage nach Kapitalgütern zurück" (Handelskammer Hamburg 2010).

Als im ersten Quartal 2009/2010 das indische BIP wieder wuchs, waren die Exporte und Importe weiter rückläufig (Germany Traid & Invest 2009). So machten beispielsweise die Güterexporte im 3.Quartal 2008 noch 16,3 Prozent des BIPs aus, im 2.Quartal 2009 hingegen nur noch 12,9 Prozent (Principal Global Indicators). Auch die Importgüter verloren an Einfluss: Im 3.Quartal 2008 waren sie noch zu 29,8 Prozent am BIP beteiligt, im 2.Quartal 2009 nur noch zu 21,5 Prozent (Principal Global Indicators). Der Nettokapitalzufluss sank von 110Mrd. US$ (im Jahr 2008) auf ca. 10Mrd. US$. Es wird schließlich davon ausgegangen, dass die ausländische Nachfrage nach indischen Dienstleistungen, die ca. 35 Prozent des Exports ausmachen, erst wieder langsam ansteigen wird (Auler 2010).

5. Fazit

Die drei initiierten Konjunkturprogramme waren vor allem wegen der engen Zusammenarbeit zwischen der indischen Regierung und der RBI, als auch wegen ihrer zügigen Implementierung erfolgreich. Den Einbruch des privaten Konsums pufferte Indien durch erhöhte staatliche Konsumausgaben ab. Das resultierende steigende Haushaltsdefizit, sowie eine galoppierende Inflation setzten den Konjunkturpaketen seine Grenzen. Auch der Einbruch von Ex- und Importen konnte nicht verhindert werden. Kurzfristig gesehen hat die hohe Staatsverschuldung einen wesentlichen Beitrag zur Krisenüberwindung geleistet, aber auf lange Sicht bleibt unklar, wie sie sich auf das Wachstum der indischen Wirtschaft auswirken wird. Eben hier liegen noch viele Wachstumspotentiale, u.a. im internationalen Handel und im Ausbau des Marktes für Unternehmensanleihen (Llewellyn et al. 2007, nach Betz 2008: 3). Aber: während einer Wirtschaftskrise – wie wir gesehen haben – können einem diese ausgeschöpften Potentiale auch potentiell zum Verhängnis werden. Schließlich konnte die oftmals vom Ausland kritisierte Überregulierung des indischen Bankensystems einen wesentlichen Beitrag zur Krisenüberwindung leisten. Am Fall Indiens wird eins sehr deutlich: wirtschaftliche Performance lässt sich nicht nur an neoliberalen Maßstäben messen, denn „ineffizient" oder „überreguliert" können in Zeiten der Wirtschaftskrise zu „effizient" und „krisenresistent" avancieren.

6. Literaturverzeichnis

Alex, Boris (2009). Indien. Drittes Konjunkturpaket. In: http://www.asienkurier.com/texte/ak090408.html (letzter Zugriff: 24.02.2010).

Auler, Andrea (2010). Indiens Wirtschaft zieht an. In: http://www.wiwo.de/politik-weltwirtschaft/indiens-wirtschaft-zieht-an-417343/ (letzter Zugriff: 25.02.2010).

Auswärtiges Amt (2009). Wirtschaftsdatenblatt Indien. In: http://www.auswaertiges-amt.de/diplo/de/Laenderinformationen/Indien/Wirtschaftsdatenblatt.html (letzter Zugriff: 26.02.2010).

BDI (2009). Auswirkungen des globalen Konjunktureinbruchs auf die Region Asien-Pazifik. In: http://www.bdi.eu/download_content/GlobalisierungMaerkteUndHandel/3_AuswirkungenderWirtschaftskriseaufAsien090603.pdf (letzter Zugriff: 27.02.2010).

Betz, Joachim (2008). Weltwirtschaftliche Schwerpunktverschiebung nach Asien? In: http://www.giga-hamburg.de/dl/download.php?d=/content/publikationen/pdf/gf_global_0802.pdf (letzter Zugriff: 01.03.2010).

Bauer, Volker (2009). Projektland Indien. Quartalsbericht. In: http://www.hss.de/fileadmin/media/downloads/QB/Indien_QB_2009-III.pdf (letzter Zugriff: 25.02.2010).

CRISIL (2010). The Asia-Pacific Economies: How far from the pre-crisis potential? In: http://www.crisil.com/Ratings/Brochureware/News/CRISIL-ccer_discussion-paper-APAC_jan10.pdf (letzter Zugriff: 28.02.2010).

Economist Intelligence Unit (2008). Country Report. India. In: http://graphics.eiu.com/ukti/pdf/India.pdf (letzter Zugriff: 27.02.2010).

Germany Trade & Invest (2010). Konjunkturprogramme weltweit – Chancen in der Krise. Indien. In: http://www.gtai.de/DE/Content/__SharedDocs/Anlagen/PDF/chancen/indien,templateId=raw,property=publicationFile.pdf/indien?show=true (letzter Zugriff: 27.02.2010).

global-rates.com (N.N.). RBI Repo Rate – der Leitzins der Zentralbank von Indien. In:http://de.global-rates.com/zinssatze/zentralbanken/zentralbank-indien/rbi-zinssatz.aspx (letzter Zugriff: 25.02.2010).

Handelsblatt (2010). Zentralbank strafft die geldpolitischen Zügel. In: http://www.handelsblatt.com/politik/konjunktur-nachrichten/indien-zentralbank-strafft-die-geldpolitischen-zuegel;2521085 (letzter Zugriff: 26.02.2010).

Handelskammer Hamburg (2010). Indien – Länderbericht. In: http://www.hk24.de/produktmarken/international/laenderinformationen/laender_a_z/indien.jsp (letzter Zugriff: 01.03.2010).

Hauschild, Helmut (2010). Indien bereitet Ausstieg aus Konjunkturhilfen vor. In: http://www.handelsblatt.com/politik/konjunktur-nachrichten/hohes-wachstum-indien-bereitet-ausstieg-aus-konjunkturhilfen-vor;2526620 (letzter Zugriff: 25.02.2010).

Indian Embassy, Washington DC (N.N.). Financial System. In: http://www.indianembassy.org/newsite//Doing_business_In_India/Financial_System_in_India.asp (Zugriff: 26.02.2010).

Kötschau, Jan Thorsten (2009). Die indischen Konjunkturpakete. In: http://www.frankfurt-main.ihk.de/pdf/international/Indien_Das_indische_Konjunkturpaket_Artikel_IGCC_Feb_20 09.pdf (letzter Zugriff: 27.02.2010).

Leeladhar, Shri V. (2007). The Evolution of Banking Regulation in India – A Retrospect on Some Aspects. In: http://rbidocs.rbi.org.in/rdocs/Speeches/PDFs/81434.pdf (letzter Zugriff: 28.02.2010).

Mohan, Rakesh (2009). Global financial crisis – causes, impact, policy responses and lessons. In: http://www.bis.org/review/r090506d.pdf (letzter Zugriff: 28.02.2010).

Müller, Volker (2009). Indiens erstaunliches Wachstum. In: http://www.wiwo.de/politik-weltwirtschaft/indiens-erstaunliches-wachstum-412324/ (letzter Zugriff: 27.02.2010).

Pasvantis, Katrin (2009): Indien erwartet nur noch 7,1% Wachstum.

Absatzchancen in den Bereichen Infrastrukturbau, Energiewirtschaft und Gesundheitswesen bleiben bestehen. In: http://www.gtai.de/ext/Einzelsicht-Druck/DE/Content/__Shared Docs/Links-Einzeldokumente-Datenbanken/fachdokumenttemplate,Id=renderPrint/MKT200 903128023.html (letzter Zugriff: 27.02.2010).

Principal Global Indicators (N.N.): http://www.principalglobalindicators.org/ (letzter Zugriff: 01.03.2010).

S.W.O.T. Analyses of Banking Industry (2009). In: http://www.scribd.com/doc/15827198/ Indian-Banking-SectorSWOT (letzter Zugriff: 28.02.2010).

Westenberger, Anna (2009). Indien lanciert zweites Konjunkturpaket innerhalb eines Monats. In: http://www.gtai.de/fdb-SE,MKT200901148004,Google.html (letzter Zugriff: 26.02.2010).

World Bank (2010). Has South Asia Escaped the Worst Effects of the Global Economic Crisis? In: http://www.worldbank.org.in/WBSITE/EXTERNAL/COUNTRIES/SOUTHASIA EXT/INDIAEXTN/0,,contentMDK:22479158~menuPK:295589~pagePK:2865066~piPK:286 5079~theSitePK:295584,00.html (Zugriff: 26.02.2010).

BEI GRIN MACHT SICH IHR WISSEN BEZAHLT

- Wir veröffentlichen Ihre Hausarbeit, Bachelor- und Masterarbeit

- Ihr eigenes eBook und Buch - weltweit in allen wichtigen Shops

- Verdienen Sie an jedem Verkauf

Jetzt bei www.GRIN.com hochladen und kostenlos publizieren